800米跑及1000米跑

学练测

一本通

王雄 朱昌宇 主编

人民邮电出版社

北京

图书在版编目（ＣＩＰ）数据

800米跑及1000米跑学练测一本通 / 王雄，朱昌宇主编. -- 北京 : 人民邮电出版社，2024.3
ISBN 978-7-115-62712-4

Ⅰ. ①8… Ⅱ. ①王… ②朱… Ⅲ. ①中长跑—运动训练 Ⅳ. ①G822.22

中国国家版本馆CIP数据核字(2023)第196599号

内 容 提 要

800 米跑及 1000 米跑测试是学生体质健康测试及体育考试中的重要项目，可通过强化心肺耐力，提高乳酸耐受力，有效提高测试成绩。

本书针对 800 米跑及 1000 米跑测试，首先从"怎么测"的角度介绍了测试规则、要点提示及影响因素在内的基础知识，接着从"怎么练"的角度讲解了成绩不合格的常见原因和技术训练方法，并提供了为期 6 周的日常提升训练方案，以及为期 3 周的突击训练方案。学生家长、体育老师、儿童青少年体能教练等可根据学生的实际情况和需求，参考或直接使用本书内容进行指导。

◆ 主　编　王　雄　朱昌宇
　　责任编辑　刘　蕊　宋高波
　　责任印制　彭志环

◆ 人民邮电出版社出版发行　　北京市丰台区成寿寺路 11 号
　　邮编　100164　电子邮件　315@ptpress.com.cn
　　网址　https://www.ptpress.com.cn
北京七彩京通数码快印有限公司印刷

◆ 开本：880×1230　1/32
　　印张：3.625　　　　　　　2024 年 3 月第 1 版
　　字数：115 千字　　　　　2025 年 11 月北京第 3 次印刷

定价：39.80 元

读者服务热线：(010)81055296　印装质量热线：(010)81055316
反盗版热线：(010)81055315

目录

第 1 章　800 米及 1000 米跑怎么测？

第 2 章　800 米及 1000 米跑日常怎么练？

第 3 章　800 米及 1000 米跑突击怎么练？

800米及1000米跑怎么测？

800米跑和1000米跑测试均属于中等距离的跑步项目，是评价个体耐力这一身体素质水平的简易方法，还能反映个体呼吸系统、心血管系统的机能水平。耐力水平与测试者体质健康水平之间存在明显的线性关系。研究发现，进行耐力训练有助于全面改善测试者的肌肉、心肺、血液、免疫系统及物质代谢调节等功能。800米跑和1000米跑测试的强度较高，测试者必须在测试前充分热身，在测试中时刻关注自身的身体状况，测试后应缓慢走动，直到心率平稳而不是立刻坐下。

测试规则

1 预备姿势

一般采用站立式起跑，听到"预备"的口令时集中注意力。

2 听清指令

听到"跑"的口令后，快速起跑，此时开始计时。

3 计时规则

躯干冲过终点线的垂直面时停止计时。测试成绩以分和秒为单位，精确到1秒。

采用站立式起跑

要点提示

测试前要做的准备

1 测试前2天不要进行突击训练，以免身体过于疲劳。

2 穿适度宽松的衣服和合适的跑鞋。

3 测试前1~2小时避免进食，可适当补充运动饮料。

4 测试前应进行充分的热身。

测试时的注意事项

1 起跑准备时，后侧脚不要踩实地面。

2 途中跑时，身体不要后仰，双臂不要左右摆动。

3 尽量不要在弯道加速超人。

4 如果被其他同学超过，可对比一下自己与他的速度，若速度相近，可以选择跟在他身后；若他的速度明显更快，则应保持自己的节奏。

5 如果在跑步的过程中肚子剧烈疼痛，应立即停下，寻求场地工作人员的帮助。

影响因素

800米跑和1000米跑测试是中等距离的跑步项目,测试成绩主要受个体心肺耐力和乳酸耐受力等因素的影响。

心肺耐力

800米跑和1000米跑测试包含3个阶段:起跑后占据内道的加速跑、途中跑及最后的冲刺跑。大部分学生的800米跑和1000米跑测试成绩为4~5分钟。在相同的速度下,心肺耐力较好的学生主要依靠有氧氧化系统供能,心肺耐力较差的学生则主要依靠糖酵解系统供能。糖酵解系统供能会使身体更快地感到疲劳。因此,如果心肺耐力较好,学生就能更轻松地以更快的速度进行途中跑,并且在最后的冲刺跑阶段有更多的体力让自身达到更快的速度,测试成绩自然更加理想。

乳酸耐受力

在800米跑和1000米跑的途中跑阶段,心肺耐力较差的学生更多地依靠糖酵解系统供能,在这个过程中,乳酸会不断产生并堆积,导致他们在最后的加速跑阶段以非常疲劳的状态加速、冲刺。因此,在这种情况下,机体只有具备较好的乳酸耐受力,才能在一定程度上缓解乳酸堆积带来的疲劳,从而达到更快的冲刺速度。

800米及1000米跑日常怎么练？

　　800米跑和1000米跑属于中等距离的跑步项目，对速度及完成时间均有一定的要求，对测试者的耐力素质提出了挑战，因此相关训练应以发展心肺耐力的练习为主，以增强机体乳酸耐受力的练习为辅。值得注意的是，训练一般遵守"循序渐进"的原则，训练强度逐渐提高，并且需要根据个人的训练情况进行及时调整。

800米及1000米跑
成绩不合格的常见原因

体力分配不当

刚开始接触该项测试时，很多学生都会出现起跑阶段速度过快导致途中跑或后半程冲刺无力这种体力分配不当的问题。应在模拟测试和正式测试中找到适合自己的节奏。

耐力差

耐力差往往是影响成绩和心态的关键问题。可以通过1000米跑和1200米跑、400米限时跑、5分钟跑等训练循序渐进地增强耐力。

起跑慢

七至九年级学生起跑慢主要是因为其快速反应能力较差，教师应组织学生进行针对性的提升训练。还有少部分学生存在起跑时不专心的问题，教师应指导他们进行模拟测试，让他们逐渐养成在测试时全神贯注的习惯。

摆臂存在问题

学生的摆臂问题主要集中在两个方面：摆臂姿势错误和摆臂速度慢。解决摆臂姿势错误的办法是指导学生进行原地或行进间的摆臂练习，注意提示学生正确的摆臂姿势要点，即双臂前后摆动且向前摆时手部不要越过身体中线。解决摆臂速度慢的办法是在学生摆臂姿势正确的前提下，指导他们在摆臂练习中逐渐加快速度，同时进行一些上肢力量练习。

摆腿、落地存在问题

学生的摆腿、落地问题主要集中在两个方面：摆腿速度慢和双脚落地沉重。出现这两个问题的原因可能是下肢力量不足或跑步姿势错误，因此教师应指导学生进行一些下肢力量练习及短距离跑练习，在短距离跑练习中不断提示学生正确的跑步要点。

未沿直线跑、左顾右盼

800米及1000米跑测试规定，学生可以在任意的跑道中跑，其中有弯道和直道。有少部分学生习惯在跑步时观察他人，这会在一定程度上影响学生沿直线跑，以及跑步速度，从而影响最终的测试成绩。教师可以指导学生进行窄道跑、直线跑，在跑步过程中集中注意力，让他们养成正确的跑步习惯。

未冲过终点线就减速

针对这个问题，教师应指导学生进行距离稍长于800米及1000米的跑步练习。此外，教师应在模拟测试和正式测试前反复提醒学生冲过终点线后再减速。

800米及1000米跑技术训练

途中跑

与50米跑测试不同的是,在800米跑和1000米跑测试的途中跑过程中,步幅应均匀,身体应轻快,配合有节奏的呼吸,一般为3步一吸、3步一呼或2步一吸、2步一呼,同时尽量使用鼻吸口呼的方式。若疲劳感较重,可以适当加大双臂和双腿的摆动幅度并加快速度,同时提高呼吸频率并使用口吸口呼的方式。

弯道跑

进入弯道,身体稍向左倾斜,使右肩稍高于左肩,同时稍稍增大右臂的摆动力度和幅度;右膝向内,左膝向外,右脚内侧和左脚外侧着力稍多。切入内道时应注意安全。

体力分配

以较快的速度而非最快的速度进行途中跑。进入最后的100~150米时,加快速度,用最快的速度进行最后的冲刺。起跑、加速跑和冲刺跑的技术学习内容同50米跑测试。

6周日常提升训练方案

第1周日常提升训练方案

摆臂与摆腿模式优化，心肺机能初始适应

1 ▶ 第 12 页

手臂钟摆

次数	8～10 次
组数	2
间歇	30 秒

2 ▶ 第 13 页

直臂绕环

次数	8～10 次
组数	2
间歇	30 秒

3 ▶ 第 14 页

跪撑肘膝触碰

次数	8 次 / 侧
组数	2
间歇	1～1.5 分钟

4 ▶ 第 15 页

原地摆臂

时长	20 秒
组数	3
间歇	1 分钟

5 ▶ 第 16 页

弹力带站姿肱二头肌弯举

次数	10 次
组数	3
间歇	1 分钟

6 ▶ 第 17 页

弹力带站姿单臂后伸

次数	10 次 / 侧
组数	3
间歇	1 分钟

7 ▶ 第 18 页

纵向军步走

次数	10 次 / 侧
组数	3
间歇	1 分钟

8 ▶ 第 19 页

原地弓步

次数	10 次 / 侧
组数	3
间歇	2 分钟

9 ▶ 第 20 页

臀桥单腿军步式

次数	8 次 / 侧
组数	3
间歇	1.5 ~ 2 分钟

10 ▶ 第 21 页

仰卧手摸同侧脚跟

次数	12 次 / 侧
组数	3
间歇	1 ～ 1.5 分钟

11 ▶ 第 22 页

跪姿对侧抬腿伸臂

次数	10 次 / 侧
组数	3
间歇	1 ～ 1.5 分钟

13 ▶ 第 24 页

分腿姿腓肠肌拉伸

时长	20 ～ 30 秒 / 侧
组数	2
间歇	无

12 ▶ 第 23 页

慢跑

距离	400 米
组数	3
间歇	3 分钟

14 ▶ 第 25 页

站姿肩部拉伸

时长	20 ～ 30 秒 / 侧
组数	2
间歇	无

动作 1

手臂钟摆

训练目标	灵活性
训练部位	肩部
所需器材	无
主要肌肉	肩部肌群

POINT!

手臂在做钟摆运动时，躯干始终朝向前方。

注意事项

双臂向前摆动的幅度可逐渐增大，最终摆至双臂向上伸直；摆动过程中，躯干尽可能保持不动。

1 身体呈直立姿势，双脚分开，与肩同宽，双臂自然垂于身体两侧。接着双臂向上，保持伸直。

2 像钟摆一样前后摆动，逐渐增大摆动幅度，至规定的次数。

第1周

动作 2

直臂绕环

训练目标	灵活性
训练部位	肩部
所需器材	无
主要肌肉	肩部周围肌群

POINT !

手臂向后绕环时，肩胛骨夹紧，手臂伸直。

1 身体呈直立姿势，双脚开立，约与肩同宽，双臂伸直，自然垂于身体两侧，挺胸抬头，核心收紧，目视前方。

2 双臂伸直，先向后向上，再向前向下做绕环动作。回到起始姿势，完成规定的次数或时间。

动作 3

跪撑肘膝触碰

训练目标	核心激活、稳定性
训练部位	核心
所需器材	瑜伽垫
主要肌肉	核心肌群

POINT !

动作过程中，保持躯干稳定，不要向一侧倾斜。

1 身体呈俯身跪姿，双手、双膝和双脚脚尖触垫，双臂伸直位于肩部正下方，双膝位于髋部正下方。

2 保持躯干挺直，核心收紧，抬一侧手臂沿耳朵向前伸直至大约与地面平行，同时抬对侧腿至大约与地面平行。保持支撑手和支撑腿的稳定，非支撑侧屈肘屈膝，让肘部在躯干下方碰触膝部。重复以上动作，完成规定的次数。换对侧重复该动作。

动作4 原地摆臂

训练目标	摆臂技术、上肢力量、核心控制
训练部位	上肢、核心
所需器材	无
主要肌肉	上肢肌群

POINT !

上臂应以肩关节为轴充分摆动。双臂前后摆动，而不是左右摆动。手臂向前摆时，手不应越过身体中线。摆动双臂时，核心收紧，身体保持稳定。

1 身体呈站立姿势，双脚分开，与肩同宽。双臂屈曲约90度，上臂自然垂于身体两侧。上身挺直并稍稍前倾。

2 以肩关节为轴，双臂前后交替摆动。手臂应向前摆至接近下颌高度向后摆时，肘关节轻微伸展，以增加杠杆作用，直至手越过髋部。双臂交替，此为完成1次。重复规定的次数。

动作 **5**

弹力带站姿肱二头肌弯举

训练目标	力量
训练部位	上肢
所需器材	弹力带
主要肌肉	肱二头肌、肱肌

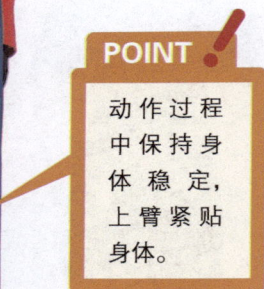

POINT !

动作过程中保持身体稳定，上臂紧贴身体。

1 双脚开立，将弹力带中段固定在脚下。双手分别握住弹力带两端并置于身体两侧，掌心向前，保持弹力带有一定的张力。

2 两侧上臂保持稳定并紧贴身体，肱二头肌发力，前臂向上弯举，双手掌心向后。回到起始姿势，完成规定的次数或时间。

第1周

动作 6

弹力带站姿单臂后伸

| 训练目标 | 力量 | 所需器材 | 弹力带 |
| 训练部位 | 上肢 | 主要肌肉 | 肱三头肌 |

POINT

动作过程中保持身体稳定，手臂紧贴身体。

1 双脚开立，与肩同宽，左手将弹力带的一端固定在右侧肩上，右侧手臂屈肘，右手握住弹力带的另一端并置于肩关节前方，保持弹力带有一定的张力。

2 右上臂外侧肌肉发力，下拉弹力带至右侧手臂完全伸直。回到起始姿势，完成规定的次数或时间。换对侧重复该动作。

动作 **7**

纵向军步走

训练目标	跑动的连贯技术
训练部位	全身
所需器材	无
主要肌肉	髂腰肌、股四头肌、胫骨前肌、臀大肌、腘绳肌、腓肠肌、比目鱼肌、上肢肌群

POINT !

动作过程中保持核心收紧。单腿支撑时保持身体稳定。

1 身体呈直立姿势，双脚开立，小于肩宽，双臂自然垂于身体两侧。

2 保持躯干挺直，腹部收紧，抬一侧腿，屈曲髋关节和膝关节，至大腿与地面接近平行，脚尖勾起，双臂自然摆动。抬起腿落地的同时用力蹬地，同时重心前移，换另一侧腿抬起至大腿与地面接近平行。两侧交替进行，完成规定的次数或距离。

原地弓步

训练目标	力量
训练部位	下肢、髋部
所需器材	无
主要肌肉	臀大肌、臀中肌、股四头肌、腘绳肌、腓肠肌、比目鱼肌

POINT !

躯干保持中立位，身体挺直，前侧腿屈髋屈膝约90度，后侧腿伸直。

1 身体呈直立姿势，双腿开立，距离小于肩宽，挺胸收腹，下颌微收，双手叉腰。

2 保持躯干挺直，腹部收紧，一条腿向前迈步的同时，屈髋屈膝至大腿几乎与地面平行，后侧腿蹬地伸直。后侧腿蹬地发力，回到起始姿势，换对侧重复该动作。两侧交替进行，完成规定的次数或时间。

19

动作 9 臀桥单腿军步式

训练目标	力量、稳定性
训练部位	髋部
所需器材	瑜伽垫
主要肌肉	臀大肌、腘绳肌、竖脊肌、核心肌群

POINT !

髋关节处于中立位。

1 身体呈仰卧姿势，头部和整个背部触垫，双臂交叉收于胸前。脚尖勾起，脚跟触垫，双膝屈曲约90度。腹部和臀部收紧，臀部发力向上顶髋，直至躯干与大腿在一条直线上。

2 保持身体稳定，一侧腿屈髋并抬离垫面，直至大腿与躯干的夹角约为90度，并保持脚尖勾起。保持该姿势至规定的时间。换对侧重复该动作。

第1周

动作**10** 仰卧手摸同侧脚跟

训练目标	力量	**所需器材**	瑜伽垫
训练部位	腹部	**主要肌肉**	腹直肌、腹内斜肌、腹外斜肌、腹横肌

POINT !

动作过程中收紧腹部，避免头部代偿。

1 身体呈仰卧姿势，双臂伸直，自然放于身体两侧，双腿屈膝，双脚全脚掌撑地。

2 腹部发力，微抬起头部的同时屈髋卷腹，使上背部离开地面，同时伸一侧手触碰同侧脚的脚跟。换对侧重复动作。两侧交替进行，完成规定的次数。

动作11 跪姿对侧抬腿伸臂

训练目标	力量、稳定性
训练部位	核心
所需器材	瑜伽垫
主要肌肉	腹横肌、腹直肌、多裂肌、竖脊肌、臀大肌

POINT !

动作过程中保持躯干挺直，手臂上抬、对侧腿后伸至与躯干在同一平面上。

1 身体呈四足跪姿，俯撑于垫子上，躯干挺直。双手置于肩关节正下方，双膝置于髋关节正下方。

2 躯干保持挺直，腹部收紧，臀部发力，一侧腿向后伸直，同时对侧肩背部发力，对侧手臂上抬，直至手臂、腿与躯干在同一平面上，保持该姿势至规定的时间。换对侧重复该动作。

动作12 慢跑

训练目标	有氧耐力
训练部位	全身
所需器材	无
主要肌肉	全身肌肉

POINT !

身体保持稳定，双臂不要左右摆动。

1 身体呈直立站姿，双脚分开，约与肩同宽，核心收紧，背部挺直，双臂自然垂于身体两侧，目视前方。

2 慢跑时，双臂屈曲置于身体两侧，交替摆臂。完成规定的距离或时间。

23

动作13 分腿姿腓肠肌拉伸

| 训练目标 | 柔韧性 | 所需器材 | 无 |
| 训练部位 | 下肢 | 主要肌肉 | 腓肠肌 |

POINT !

后侧腿保持伸直，脚跟不要离地。

注意事项

动作过程中，保持均匀呼吸，并随着拉伸幅度增加呼吸深度。

1 身体呈弓步姿势，背部挺直，前侧腿屈髋屈膝，后侧腿伸直。

2 躯干保持挺直，身体重心前移，使前侧腿的踝关节背屈，直至后侧腿的腓肠肌有一定程度的牵拉感，保持该姿势至规定的时间。换对侧重复该动作。

第1周

动作 14 站姿肩部拉伸

训练目标	柔韧性	所需器材	无
训练部位	肩部	主要肌肉	肩部肌群

POINT

背部尽可能挺直，身体不要向一侧倾斜。

1 身体呈站立姿势，背部挺直，双脚开立，与肩同宽。双手在肩胛骨处触碰，使肩部有一定程度的牵拉感，保持该姿势至规定的时间。

2 换对侧重复该动作。

第2周日常提升训练方案

⚡ **上下肢联动技术、体能动作模式建立，以及第1阶段心肺机能强化**

1 ▶ 第 28 页

单腿屈髋腘绳肌拉伸

次数	8 次 / 侧
组数	2
间歇	30 秒～1 分钟

2 ▶ 第 29 页

大腿前侧行进拉伸

次数	8 次 / 侧
组数	2
间歇	30 秒～1 分钟

4 ▶ 第 31 页

原地振臂跳

次数	10 次 / 侧
组数	3
间歇	2 分钟

3 ▶ 第 30 页

行进弓步

次数	8 次 / 侧
组数	2
间歇	30 秒～1 分钟

5 ▶ 第 32 页

栏架纵向高抬腿

次数	5 次 / 侧
组数	3
间歇	2 分钟

6 ▶ 第 34 页

后蹬跑

次数	10 次 / 侧
组数	3
间歇	2 分钟

1～3 ➡ 4～10 ➡ 11～12

热身　　　　主体练习以上下联动的技术练习和蹲、支撑模式 整理
　　　　　的练习为主，最后进一步强化心肺机能。

7 ▶ 第 35 页

弹力带单腿半蹲

时长	30 秒 / 侧
组数	3
间歇	1.5 ～ 2 分钟

8 ▶ 第 36 页

弹力带深蹲后拉

次数	12 次
组数	3
间歇	1 ～ 1.5 分钟

10 ▶ 第 23 页

慢跑

距离	600 米
组数	3 ～ 4
间歇	3 ～ 5 分钟

9 ▶ 第 37 页

弹力带俯卧撑

次数	10 次
组数	3
间歇	2 ～ 3 分钟

11 ▶ 第 38 页

跪式起跑者弓步

时长	20 秒 / 侧
组数	2
间歇	无

12 ▶ 第 39 页

鸽子式臀部拉伸

时长	20 秒 / 侧
组数	2
间歇	无

动作 1 单腿屈髋腘绳肌拉伸

训练目标	柔韧性、灵活性	所需器材	无
训练部位	下肢	主要肌肉	腘绳肌

POINT !

拉伸腿尽可能伸直。

1 一侧脚在前、另一侧脚在后站立，前脚脚跟撑地，同侧腿尽量伸直，另一侧腿屈膝支撑身体，双手置于后腿膝关节上方，目视前方。

2 前侧腿不动，身体前倾至腘绳肌有一定程度的牵拉感，保持该姿势至规定的时间。换对侧重复上述动作。

第2周

动作2 大腿前侧行进拉伸

训练目标	柔韧性
训练部位	下肢、髋部、肩部
所需器材	无
主要肌肉	髂腰肌、股四头肌、肩部前侧肌群

POINT !

保持髋关节伸展，拉伸时收紧臀大肌，不要过度伸展下背部。

注意事项

动作过程中，身体要保持平衡。

1 身体呈直立姿势，腹部收紧，抬头挺胸，目视前方。

2 一侧脚向前迈一小步，另一侧腿向后屈膝，同侧手抓住抬起脚的脚背或脚踝，将其拉向臀部；同时对侧手臂上举，脚跟抬起，保持该姿势1~2秒，换对侧重复上述动作。完成规定的次数或距离。

29

动作3 行进弓步

训练目标	柔韧性、灵活性
训练部位	髋部、下肢
所需器材	无
主要肌肉	臀大肌、腘绳肌、髂腰肌、股直肌

POINT !

动作过程中，躯干直立，膝盖和脚尖一致向前。前侧腿屈膝屈髋约90度。

注意事项

动作的过程中，身体要保持平衡。

1 身体呈直立姿势。双脚开立，间距小于肩宽，核心收紧，挺胸收腹，双手叉腰。

2 抬起一侧腿向前迈出一大步，呈弓步姿势，降低身体重心，至前侧腿的后侧（臀部和大腿后群），以及后侧腿的前侧（髋部和大腿前群）有牵拉感，保持该姿势1～2秒，换对侧重复上述动作。两侧交替进行，完成规定的距离。

第2周

动作 **4**

原地振臂跳

训练目标 力量、协调性、灵活性

训练部位 全身

所需器材 无

主要肌肉 臀大肌、股四头肌、腘绳肌、腓肠肌、比目鱼肌、髂腰肌、核心肌群、上肢肌群

POINT

全程保持核心收紧。

1 双脚开立，小于肩宽，双手自然垂于身体两侧，目视前方。

2 双腿发力，身体向上跳起，一侧手臂伸直举过头顶，对侧腿屈髋屈膝，将大腿抬至与地面平行，同时支撑腿原地进行一次垫步跳，接着抬起腿落地，换对侧重复上述动作。两侧行进间交替进行完成规定的次数。

动作5 栏架纵向高抬腿

训练目标	力量、协调性、灵活性、敏捷性
训练部位	下肢、髋部
所需器材	栏架
主要肌肉	臀大肌、臀中肌、股四头肌、腘绳肌、腓肠肌、比目鱼肌

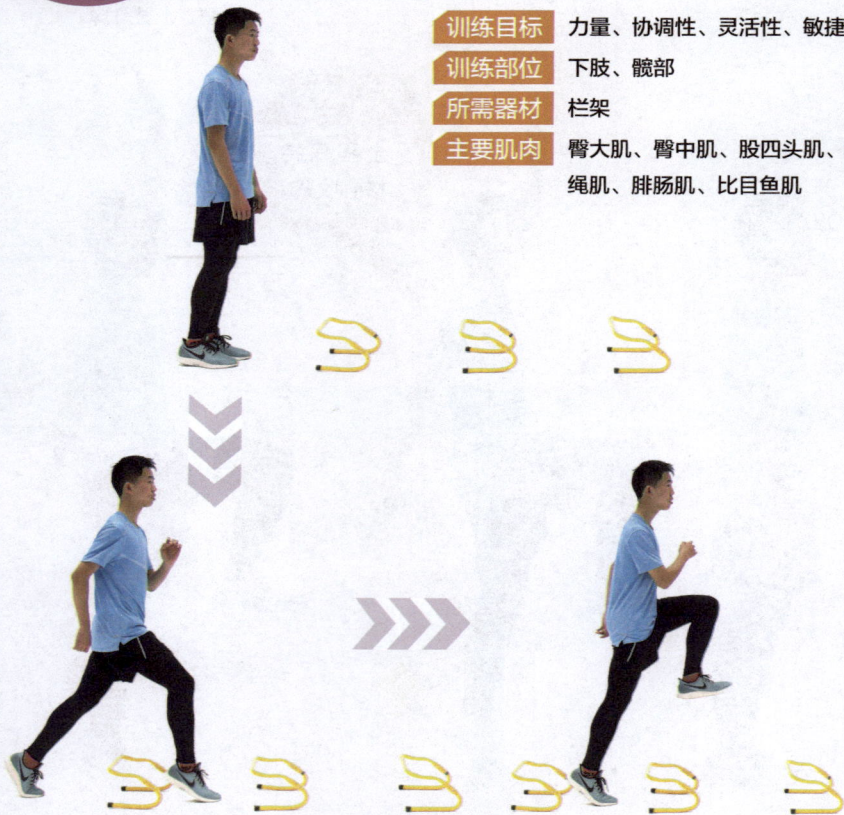

1 并排间隔放置3个栏架，面向第1个栏架站立，双脚分开，约与肩同宽，双臂位于身体两侧，核心收紧，背部挺直。

2 一侧手臂迅速向前摆动，同时对侧腿尽量上抬，向前跨过第1个栏架。跨过栏架的脚着地后迅速蹬地；同时，下肢肌群协同发力，对侧脚上抬，向前跨过第2个栏架。

POINT

整个过程中保持核心收紧、腰背挺直。逐个跨过栏架的速度要快。重心靠前，脚掌蹬地的速度要快。触地的一瞬间，后腿髋、膝、踝在一条直线上。手臂协调摆动。

3 跨过第2个栏架的脚着地后迅速蹬地发力；同时，下肢肌群协同发力，对侧腿上抬，向前跨过第3个栏架。跨过3个栏架后，双脚着地。回到起始位置，重复规定的次数。

动作6 后蹬跑

训练目标	跑动的动作技能、爆发力
训练部位	全身
所需器材	无
主要肌肉	全身肌肉

注意事项

整个过程中，优化摆臂和摆腿，体会一侧脚蹬地和对侧腿前摆、送髋的感觉，以加大跑步时的步幅。

POINT !

全程一侧脚用力蹬地，对侧腿充分前摆；双臂跟随双腿节奏前后交替摆动。动作应流畅、连贯。

1 以站立式起跑姿势开始。一侧脚充分蹬地，对侧膝盖向上、向前摆（直至大腿与地面平行），使身体向前、向上跳起，在空中时，前腿呈90度弓步姿势，后腿充分蹬伸。

2 在这个过程中，肩部放松，双臂屈曲，蹬地侧手臂向前摆，对侧手臂向后摆。落地后，换至对侧重复上述动作。双腿交替摆动为完成1次。重复规定的次数或距离。

动作7 弹力带单腿半蹲

训练目标	力量、稳定性
训练部位	下肢、髋部、核心
所需器材	弹力带
主要肌肉	臀大肌、臀中肌、股四头肌、腘绳肌、腓肠肌、比目鱼肌、核心肌群

POINT !
动作过程中保持身体稳定、腹部收紧。

1 双腿开立,距离与肩同宽。将弹力带两端固定在身体正前方的高处,中段绕过背部。身体微微前倾,双膝微屈,双手轻轻置于大腿上,保持弹力带有一定的张力。

2 抬起一侧脚,呈单腿半蹲姿势,保持至规定的时间。换对侧重复上述动作。

动作8 弹力带深蹲后拉

训练目标	力量
训练部位	下肢、髋部、背部、上肢
所需器材	弹力带
主要肌肉	臀大肌、股四头肌、腘绳肌、腓肠肌、比目鱼肌、背部肌群、肩部肌群

POINT !

动作过程中尽量避免膝关节超过脚尖或内扣，避免耸肩。

1 双脚开立，距离与肩同宽。将弹力带中段固定在身体正前方与肩同高处，双手分别握住弹力带的两端。双臂前平举，掌心向下，保持弹力带有一定的张力。

2 屈髋屈膝，深蹲至大腿几乎与地面平行，同时背部及上肢肌肉发力，双臂水平向后拉弹力带，至上臂与肩关节呈一条直线，双肘屈曲90度。动作过程中保持背部挺直。回到起始姿势，完成规定的次数或时间。

第2周

动作 **9**

弹力带俯卧撑

训练目标	力量
训练部位	胸部、上肢
所需器材	瑜伽垫、弹力带
主要肌肉	胸大肌、胸小肌、肱三头肌、三角肌前束、核心肌群

POINT !

动作过程中，保持身体从头到脚在一条直线上。

1 将弹力带中段置于背后，双手分别握住弹力带的两端。身体呈俯卧姿势，双手与双脚脚尖撑于垫上，双手位于肩关节正下方，身体呈一条直线。弹力带保持一定的张力。

2 双臂屈肘，身体向下做俯卧撑动作。胸部及上肢肌肉发力，回到起始姿势。完成规定的次数。

下一个动作：动作 10
慢跑
→见第 23 页

动作11 跪式起跑者弓步

训练目标	柔韧性
训练部位	髋部
所需器材	瑜伽垫
主要肌肉	髂腰肌、股直肌

POINT！

拉伸过程中，膝关节和脚尖方向一致。

1 身体呈分腿跪姿，一侧腿在前，屈膝约90度，另一侧腿在后，膝盖触垫。躯干挺直，双手置于前侧腿的大腿上，目视前方。

2 髋部向前移动，直至髋部肌肉有一定程度的牵拉感，保持该姿势至规定的时间，换对侧重复上述动作。

第2周

动作 12

鸽子式臀部拉伸

训练目标	柔韧性
训练部位	髋部
所需器材	瑜伽垫
主要肌肉	臀大肌、梨状肌

POINT
肩部、颈部放松。

注意事项

动作过程，腿部动作保持不变。

1 身体呈坐姿，一侧腿屈髋屈膝、旋外并置于身体前侧，对侧腿伸直置于身体后侧，上身直立，双臂微屈，双手撑于垫面。

2 双臂屈曲，上身逐渐向垫面靠近，直至前侧腿的臀部有一定程度的牵拉感。保持该姿势至规定的时间。换对侧重复上述动作。

第3周日常提升训练方案

⚡ 上下肢协调能力，以下肢为主的力量强化，以及第2阶段心肺机能强化

1 ▶ 第 42 页

脚跟点步

次数	10 次 / 侧
组数	2
间歇	30 秒～1 分钟

2 ▶ 第 43 页

燕式平衡

次数	8 次 / 侧
组数	2
间歇	30 秒～1 分钟

4 ▶ 第 45 页

对侧肘碰膝垫步跳

次数	10 次 / 侧
组数	3
间歇	2 分钟

3 ▶ 第 44 页

向后分腿蹲

次数	8 次 / 侧
组数	2
间歇	30 秒～1 分钟

5 ▶ 第 46 页

屈髋外旋跳

次数	10 次 / 侧
组数	3
间歇	2 分钟

6 ▶ 第 48 页

栏架纵向双脚跳（有摆臂）

次数	8 次
组数	3
间歇	2 分钟

1～3 ➡ 4～10 ➡ 11～12

热身　　主体练习以跑动的协调性、下肢能力强化为主，　　整理
　　　　最后进行高于目标距离的有氧能力训练。

7 ▶ 第 50 页
栏架 Z 字左右并步停顿

次数	4 次 / 侧
组数	3
间歇	2 分钟

8 ▶ 第 52 页
平板支撑触肩

次数	10 次 / 侧
组数	3
间歇	2 分钟

10 ▶ 第 23 页
慢跑

距离	1200 米（男）/ 1000（女）
组数	3
间歇	4 ～ 6 分钟

9 ▶ 第 53 页
仰卧对侧肘碰膝

次数	10 次 / 侧
组数	3
间歇	1 ～ 1.5 分钟

12 ▶ 第 55 页
跪式起跑者弓步转体拉伸

次数	20 次 / 侧
组数	2
间歇	无

11 ▶ 第 54 页
直腿腓肠肌拉伸

时长	30 秒 / 侧
组数	2
间歇	无

动作 **1**

脚跟点步

训练目标	灵活性
训练部位	下肢
所需器材	无
主要肌肉	踝关节周围肌群

POINT !

动作过程中，身体挺直，勾脚尖向前移动。

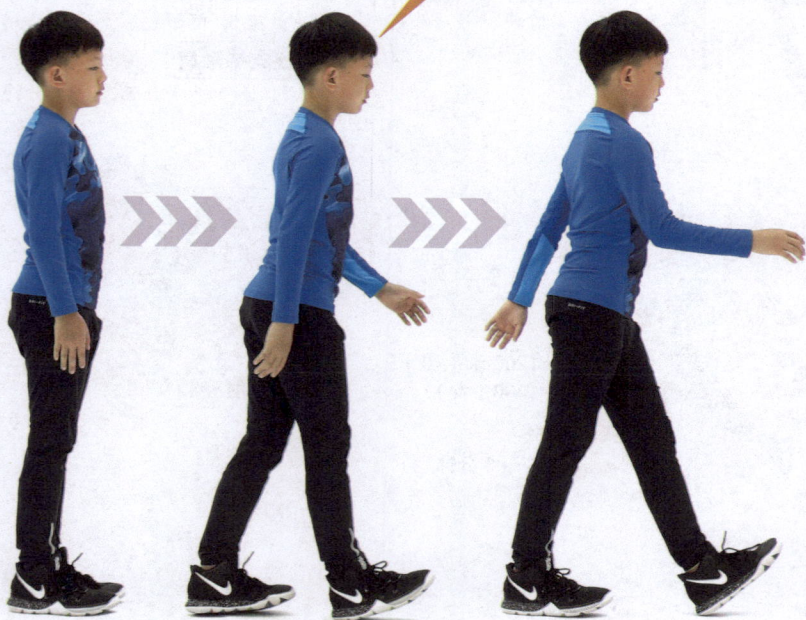

1 身体呈站立姿势，背部挺直，双臂自然下垂。

2 身体保持挺直，一侧小腿前侧发力，勾脚尖，向前移动，配合摆臂，以脚跟落地，然后换对侧重复上述动作。完成规定的距离。

第3周

动作**2**

燕式平衡

训练目标	柔韧性
训练部位	下肢
所需器材	无
主要肌肉	腘绳肌

POINT !

俯身时，尽量保持头、臀、踝在一条直线上。

注意事项

动作过程中，侧臀部要收紧。随着拉伸幅度增大，增加呼吸深度。

1 身体呈站立姿势，腹部收紧，躯干挺直，目视前方。

2 一侧脚向前迈一小步，俯身并向后抬起对侧腿，尽量保持头部、臀部与抬起侧脚的脚踝在一条直线上。双臂侧平举，双手握拳，大拇指伸直且始终朝上，整个拉伸动作持续1～2秒。放下抬起侧腿并朝前迈一小步，换对侧重复上述动作。双腿交替进行，完成规定的次数或距离。

动作3 向后分腿蹲

训练目标	柔韧性、灵活性
训练部位	髋部、下肢
所需器材	无
主要肌肉	臀大肌、腘绳肌、髂腰肌、股直肌

POINT

双臂上举时伸直贴耳。躯干前倾至双手可置于前脚后方的两侧。

1 双脚并拢站立，挺胸直背，目视前方，手臂自然垂于身体两侧。一侧脚向后迈，前侧腿屈髋屈膝，下蹲至大腿几乎与地面平行，后侧腿的膝关节撑地。双臂伸直举过头顶，并带动上半身向后伸展。

2 双臂向下伸展，双手置于前脚后方的两侧，伸直双腿膝关节至大腿后侧有一定程度的牵拉感。回到起始姿势，换对侧重复上述动作。重复规定的次数或时间。

第3周

动作4 对侧肘碰膝垫步跳

训练目标	力量、灵活性、协调性
训练部位	全身
所需器材	无
主要肌肉	髂腰肌、股四头肌、胫骨前肌、臀大肌、腘绳肌、腓肠肌、比目鱼肌、上肢肌群、核心肌群

POINT 动作过程中，核心收紧，背部挺直。

1 身体呈直立站姿。双脚开立，间距小于肩宽，双臂自然垂于身体两侧。

2 保持核心收紧，双脚跳动，抬一侧腿，屈髋屈膝，同时用对侧手肘触碰抬起腿的膝盖。抬起腿落地时，在脚掌接触地面的瞬间，迅速跳起，同时换对侧腿抬起，重复对侧手肘与膝盖触碰的动作。两侧交替进行，完成规定的次数或时间。

动作5 屈髋外旋跳

训练目标	力量、灵活性、协调性
训练部位	下肢、髋部
所需器材	无
主要肌肉	髂腰肌、股四头肌、胫骨前肌、臀大肌、臀中肌、腘绳肌、腓肠肌、比目鱼肌

1 身体呈直立站姿势，双脚开立，双手叉腰，此为起始姿势。双脚同时起跳，快速抬起一侧腿，屈髋屈膝至身体前方且大腿约平行于地面。

POINT

保持背部挺直，核心收紧。

2 继续向外旋髋。落地后，回到起始姿势，紧接着抬起对侧腿完成同样的动作。回到起始姿势，按照同样的标准，两侧交替进行，完成规定的次数。

动作 **6** 栏架纵向双脚跳（有摆臂）

训练目标	爆发力、稳定性
训练部位	下肢、髋部
所需器材	栏架
主要肌肉	臀大肌、股四头肌、腘绳肌、腓肠肌、比目鱼肌、上肢肌群

注意事项

整个过程中，保持核心收紧，背部挺直。以手臂摆动带动身体快速蹬地发力，伸髋伸膝，完成起跳。

1 身体呈直立姿势，面向栏架站立，双脚分开，约与肩同宽，核心收紧，背部挺直，双臂向上伸直。

2 屈髋屈膝快速下蹲，双臂快速下摆至体后。然后双臂快速上摆，快速伸髋伸膝，双脚蹬离地面，向前跳过栏架。

POINT !

蹬地快速有力，腿蹬地和手臂摆动要协调，强调离地前脚掌瞬间蹬地的动作。起跳后，身体充分伸展，跳至最高点。落地时，注意屈髋屈膝缓冲，保持身体稳定。

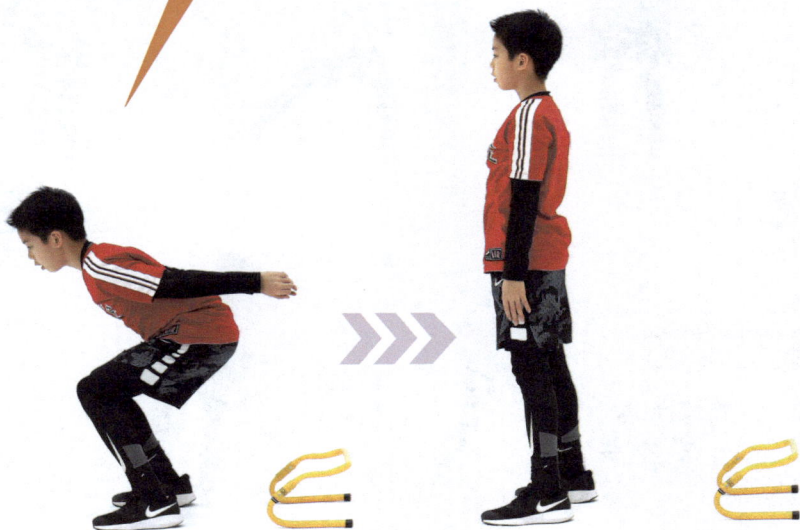

3 落地时，屈髋屈膝缓冲，同时双臂下摆至体后。保持落地姿势1～2秒。回到起始姿势，完成规定的次数。

动作 7 栏架Z字左右并步停顿

训练目标	爆发力、协调性、灵活性
训练部位	下肢、髋部
所需器材	栏架
主要肌肉	臀大肌、臀中肌、股四头肌、腘绳肌、腓肠肌、比目鱼肌

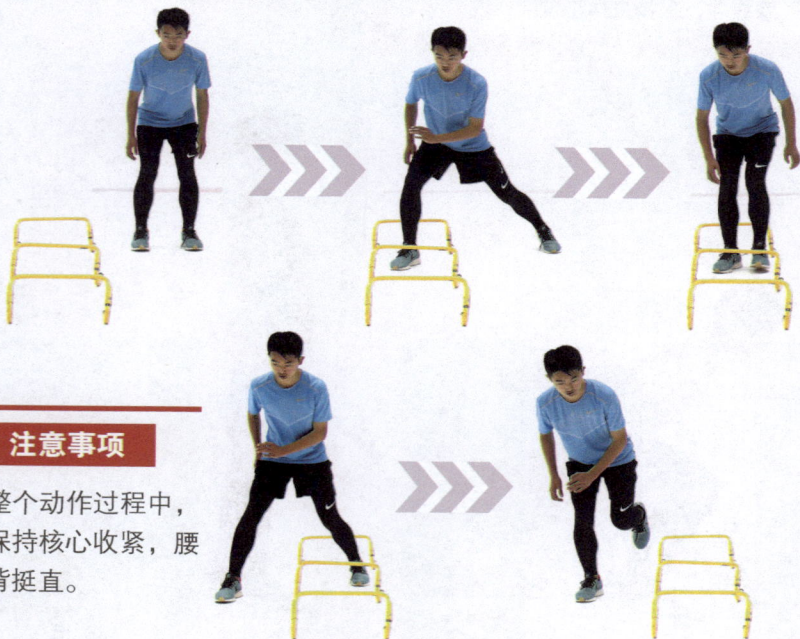

注意事项

整个动作过程中，保持核心收紧，腰背挺直。

1 纵向间隔放置3个栏架，屈髋屈膝站于第1个栏架左侧，双脚分开，约与肩同宽，躯干前倾，双臂位于身体两侧，背部挺直。

2 左脚蹬地，右脚向右前方跨一步，落于第1个栏架与第2个栏架之间。右脚着地后，左脚迅速并步收至右脚旁。左脚落地后，右脚随即迅速向右前方跨一步，落于第2个栏架右侧。右脚着地后，迅速收左脚，呈单腿站立姿势，停顿1～2秒。

POINT

整个过程中保持核心收紧、腰背挺直。跨步的速度要快。

POINT

重心靠前，脚掌蹬地的速度要快。手臂协调摆动。

3 右脚蹬地，左脚向左前方跨一步，落于第2个栏架与第3个栏架之间。左脚着地后，右脚迅速并步收至左脚旁。右脚落地后，左脚随即迅速向左前方跨一步，落于第3个栏架左侧。

4 左脚着地后，迅速收右脚，呈单腿站立姿势，停顿1～2秒。恢复直立，回到起始位置，完成规定的次数。

动作 **8**

平板支撑触肩

训练目标	力量、稳定性
训练部位	核心、上肢
所需器材	瑜伽垫
主要肌肉	核心肌群、上肢肌群

POINT !

动作过程中保持身体挺直与稳定。

1 俯卧支撑于垫子上，身体挺直，双脚分开与肩同宽，双臂伸直置于肩关节正下方。

2 保持身体挺直和稳定，躯干收紧，抬起一侧手触碰对侧肩关节。回到起始姿势，换对侧重复上述动作。两侧交替进行，完成规定的次数。

第3周

动作 9 仰卧对侧肘碰膝

训练目标	力量
训练部位	腹部
所需器材	瑜伽垫
主要肌肉	腹直肌、腹内斜肌、腹外斜肌、腹横肌

POINT

动作过程中收紧腹部，避免头部代偿。

1 身体呈仰卧姿势，整个躯干紧贴垫面，双手交叉置于头后。一侧腿屈膝约90度，全脚掌触垫。另一侧腿屈膝并旋外，将脚搭在支撑腿的膝部。

2 保持腹部收紧，抬起颈部的同时屈髋卷腹，使整个躯干离开垫面。同时躯干向非支撑腿侧转体，至支撑腿侧手肘触碰非支撑腿的膝部。回到起始姿势，重复规定的次数。换对侧重复上述动作。

下一个动作：动作 10
慢跑
→见第 23 页

动作 **11**

直腿腓肠肌拉伸

训练目标	柔韧性
训练部位	下肢
所需器材	瑜伽垫
主要肌肉	腓肠肌

POINT !

支撑腿始终伸直，背部平直。

注意事项

整个过程中，保持手、脚位置不变。

1 身体呈俯撑姿势。双臂伸直，双手撑垫。一侧腿伸直，脚尖撑垫，另一侧腿微屈，置于对侧腿的小腿上。

2 臀部缓缓向上拱起，使躯干与支撑腿的夹角约为90度，脚掌撑地，使腓肠肌有一定程度的牵拉感，保持该姿势至规定的时间。换对侧重复上述动作。

第3周

动作12

跪式起跑者弓步转体拉伸

训练目标	柔韧性
训练部位	躯干、髋部、下肢、肩部
所需器材	瑜伽垫
主要肌肉	髂腰肌、股直肌、臀大肌、腘绳肌、腹内斜肌、腹外斜肌、胸大肌、大腿内收肌群

POINT !

拉伸过程中，保持身体的平衡。

1 身体呈分腿跪姿，一侧腿在前，屈膝；另一侧腿在后，膝盖触地，向前俯身，双手撑于前腿两侧的垫面。接着臀部抬高，后侧腿蹬直。

2 躯干旋转，后侧腿的同侧臂向上伸展，直至髋部及胸部肌肉有一定程度的牵拉感，保持该姿势至规定的时间。换对侧重复上述动作。

第4周日常提升训练方案

〰 **髋部强化、循环力量，以及第1阶段无氧能力强化**

1 ▶ 第58页
摇篮抱膝
次数	8次/侧
组数	2
间歇	30秒～1分钟

2 ▶ 第59页
最伟大拉伸
次数	8次/侧
组数	2
间歇	30秒～1分钟

3 ▶ 第61页
弹力带半蹲侧向走
次数	10次
组数	3
间歇	1分钟

4 ▶ 第63页
徒手深蹲
时长	10秒
组数	4
间歇	一组中，循环完成动作4～动作7，每个动作均完成10秒，每两个动作之间休息10秒。共完成4组，每两组之间休息2分钟。

5 ▶ 第64页
开合跳
时长	10秒
组数	4
间歇	一组中，循环完成动作4～动作7，每个动作均完成10秒，每两个动作之间休息10秒。共完成4组，每两组之间休息2分钟。

1～2 ➡ 3～8 ━━━━━━━━ 9～10

热身　　主体练习以髋部稳定和强度间歇循环力量为主，最后在前3周有氧的基础上强化无氧能力。　　整理

6 ▶ 第 15 页

原地摆臂

时长	10 秒
组数	4
间歇	一组中，循环完成动作 4 ~ 动作 7，每个动作均完成 10 秒，每两个动作之间休息 10 秒，共完成 4 组，每两组之间休息 2 分钟。

7 ▶ 第 65 页

弓步跳

时长	10 秒
组数	4
间歇	一组中，循环完成动作 4 ~ 动作 7，每个动作均完成 10 秒，每两个动作之间休息 10 秒，共完成 4 组，每两组之间休息 2 分钟。

9 ▶ 第 66 页

弹力带坐姿腘绳肌拉伸

时长	20 秒
组数	2
间歇	30 秒

8 ▶ 第 23 页

慢跑

距离	400 和 600 米（男）/ 200 和 400 米（女）
组数	3
间歇	每组中 400（200）米和 600（400）米之间休息 3 分钟；每两组之间休息 6 分钟。

10 ▶ 第 67 页

侧卧股四头肌和髋屈肌拉伸

时长	20 秒/侧
组数	2
间歇	无

动作 1

摇篮抱膝

训练目标	柔韧性、灵活性
训练部位	髋部、下肢
所需器材	无
主要肌肉	臀大肌、梨状肌、阔筋膜张肌

POINT !

核心收紧，背部平直。

1 双脚开立，与肩同宽，脚尖向前。

2 一侧腿向前迈一小步，对侧腿膝关节抬至胸部下方，抬起腿同侧的手抱在大腿上；另一侧手抬脚踝呈"摇篮"状，缓慢用力向上提拉，同时支撑腿的脚跟抬起。保持该姿势1～2秒，换对侧重复上述动作。完成规定的次数或距离。

第4周

动作 **2**

最伟大拉伸

训练目标	柔韧性、灵活性
训练部位	全身
所需器材	无
主要肌肉	腘绳肌、臀大肌、髂腰肌、股四头肌、腓肠肌、比目鱼肌、竖脊肌、背阔肌、腹内斜肌、腹外斜肌

POINT !

向前迈出的步子应大一些。

1 双脚并拢站立，背部挺直，腹部收紧，双臂自然垂于身体两侧。

2 一只脚向前迈，至大腿与地面基本平行，呈弓步姿势。

3 俯身，用前侧腿的对侧手支撑，另一侧手臂的肘关节抵在前侧脚的内侧。

注意事项

整个动作过程中，保持核心收紧，腰背挺直，身体保持平衡。

4 前侧腿的同侧手臂向上打开，眼睛看手掌指尖，双臂呈一条直线。

5 打开的手臂收回并支撑于同侧的脚外侧的地面上，同侧腿从屈膝状态伸直，以脚跟支撑。回到弓步姿势后，后侧腿蹬起，回到起始姿势。换对侧重复上述动作。完成规定的次数。

第4周

动作 3

弹力带半蹲侧向走

训练目标	力量、稳定性	所需器材	弹力带
训练部位	下肢、髋部	主要肌肉	臀大肌、臀中肌、股四头肌、腘绳肌、腓肠肌、比目鱼肌

1 双脚开立，距离约与肩同宽。将弹力带中段固定在双脚下，双手握住弹力带的两端。双臂屈肘且微微向身体两侧打开，双手位于肩关节的正前方，弹力带从身体后侧绕过上臂并保持一定的张力。双臂保持稳定，身体向下半蹲。

动作过程中保持重心稳定，背部挺直。

2 上肢及躯干保持稳定，下肢肌肉发力，双腿交替向一侧行走。侧向移动规定的时间或距离。换对侧重复上述动作。

第4周

动作 **4**

徒手深蹲

训练目标	力量
训练部位	下肢、髋部
所需器材	无
主要肌肉	臀大肌、股四头肌、腘绳肌、腓肠肌、比目鱼肌

POINT !

动作过程中，核心收紧，背部挺直，膝盖与脚尖方向一致向前。

1 双脚分开站立，与肩同宽。双臂自然垂于身体两侧。

2 屈髋屈膝，向下深蹲。动作过程中，双臂屈曲并抬起至胸前，以保持身体平衡。下肢肌肉发力，充分蹬伸，回到起始姿势，完成规定的次数。

动作**5** 开合跳

训练目标	力量、敏捷性、协调性、心肺功能
训练部位	全身
所需器材	无
主要肌肉	全身肌肉

POINT !

跳跃和落地过程中，核心收紧，同时保持膝盖和脚尖一致向前。

1 身体直立，双脚开立。双臂伸直，自然放于身体两侧，目视前方。

2 保持腹部收紧，双腿蹬地发力，向上跳起并打开，双臂伸直并经身体两侧向上移动。落地时，双脚间距变大，双手在头顶上方轻轻触碰。落地后随即再次跳起，双臂下摆，双脚靠拢。回到起始姿势，完成规定的次数或时间。

下一个动作：动作6
原地摆臂
→见第 15 页

第4周

动作 **7** 弓步跳

训练目标	爆发力
训练部位	下肢、髋部
所需器材	无
主要肌肉	臀大肌、臀中肌、股四头肌、腘绳肌、腓肠肌、比目鱼肌

POINT !

动作过程中，躯干保持挺直，膝盖和脚尖一致向前。

1 双腿前后站立，屈髋屈膝，前侧腿的大腿与地面平行，后侧腿的膝部几乎触地，呈分腿蹲姿。挺胸收腹，下颌微收，双手自然放在身体两侧。

2 双脚蹬地发力，伸髋伸膝，向上跳起，并在空中交换双腿的前后位置，然后换对侧重复上述动作。完成规定的次数或时间。

下一个动作：动作 8
慢跑
→见第 23 页

动作9 弹力带坐姿腘绳肌拉伸

训练目标	柔韧性
训练部位	下肢
所需器材	瑜伽垫、弹力带
主要肌肉	腘绳肌

POINT !

动作过程中，保持双腿伸直且紧贴垫面，躯干挺直。

1 坐在垫子上，双腿伸直并拢且紧贴垫面。将弹力带中段固定在双脚的脚掌处，双臂伸直并用双手分别握住弹力带两端，保持弹力带有一定的张力。

2 向前俯身，屈曲髋关节，同时双手拉紧弹力带，至腘绳肌有一定程度的牵拉感，保持该姿势至规定的时间。

动作10 侧卧股四头肌和髋屈肌拉伸

训练目标	柔韧性	所需器材	瑜伽垫
训练部位	下肢、髋部	主要肌肉	股四头肌、髂腰肌

POINT !

保持背部挺直，拉伸时被拉伸的腿尽量抬起。

1 身体呈侧卧姿势，头枕于近地侧手臂上；远地侧腿屈髋屈膝，远地侧手臂伸直，握住该侧脚的脚踝，近地侧腿尽量伸直。

2 远地侧手将该侧脚向臀部拉，直至该腿的股四头肌和髋屈肌有一定程度的牵拉感，保持该姿势至规定的时间。换对侧重复上述动作。

第5周日常提升训练方案

髋部强化、循环力量，以及第2阶段无氧能力强化

1 ▶ 第70页
原地后交叉弓步

次数	8次/侧
组数	2
间歇	30秒～1分钟

2 ▶ 第71页
毛毛虫爬行

次数	8次
组数	2
间歇	1～1.5分钟

3 ▶ 第73页
迷你带侧向走

次数	10次
组数	3
间歇	1分钟

4 ▶ 第74页
波比跳

时长	10秒
组数	3
间歇	一组中，循环完成动作4～动作7，每个动作均完成10秒，每两个动作之间休息10秒。共完成4组，每两组之间休息2分钟。

5 ▶ 第76页
上下踏板

时长	10秒
组数	3
间歇	一组中，循环完成动作4～动作7，每个动作均完成10秒，每两个动作之间休息10秒。共完成4组，每两组之间休息2分钟。

1～2 ➡ 3～8 ➡ 9～10

热身　　　　　主体练习以髋部控制的强化、循环力量和无氧能　　　　整理
　　　　　　　力强化训练为主，旨在提升肌肉的长时间工作能
　　　　　　　力和无氧耐受力。

7 ▶ 第 79 页
标准跳绳

时长	10 秒
组数	3
间歇	一组中，循环完成动作 4 ～动作 7，每个动作均完成 10 秒，每两个动作之间休息 10 秒。共完成 4 组，每两组之间休息 2 分钟。

6 ▶ 第 78 页
登山者

时长	10 秒
组数	3
间歇	一组中，循环完成动作 4 ～动作 7，每个动作均完成 10 秒，每两个动作之间休息 10 秒。共完成 4 组，每两组之间休息 2 分钟。

8 ▶ 第 23 页
慢跑

距离	600 和 800 米（男）/400 和 600 米（女）
组数	2
间歇	每组中 600（400）米和 800（600）米之间休息 3 分钟；每两组之间休息 6 分钟。

9 ▶ 第 80 页
下犬式

时长	20 秒
组数	2
间歇	30 秒

10 ▶ 第 81 页
动态眼镜蛇

时长	20 秒
组数	2
间歇	30 秒

动作 1 原地后交叉弓步

| 训练目标 | 柔韧性、灵活性 | 所需器材 | 无 |
| 训练部位 | 髋部、下肢 | 主要肌肉 | 阔筋膜张肌、臀大肌、臀中肌、髂胫束 |

POINT !

保持躯干挺直，下蹲时前侧腿膝关节不要超过脚尖。

1 身体呈直立姿势，身体挺直，双脚间距与肩同宽，腹部收紧，胸部挺直，双臂前平举。

2 一侧腿后撤一步，置于另一侧腿后方约45度的位置，双腿呈交叉站立姿势，屈髋屈膝，深蹲至感受到前侧腿外侧肌肉有一定程度的牵拉感，保持该姿势1～2秒。回到起始姿势，换对侧重复上述动作。完成规定的次数或时间。

第5周

动作 **2**

毛毛虫爬行

训练目标	柔韧性、稳定性、协调性
训练部位	全身
所需器材	无
主要肌肉	竖脊肌、臀大肌、腘绳肌、腓肠肌、腹直肌、髂腰肌、股直肌

POINT !

爬行过程中保持核心收紧、躯干稳定，身体不要左右晃动。

1 身体直立，双脚间距与肩同宽，腹部收紧，挺胸抬头，目视前方。

2 保持腹部收紧，屈髋俯身使双手着地，并保持双腿伸直，但不要锁死。保持双脚位置不变的同时，双手交替向前移动。当身体打开时，头部、躯干、双腿呈一条直线。

3 挺胸抬头，使身体呈反弓形，并注意保持双腿不要着地。

4 保持双手位置不变，使身体呈倒"V"字形，双脚交替向前靠近双手。回到起始姿势，重复规定的距离或时间。

第5周

动作 **3**　迷你带侧向走

| 训练目标 | 稳定性、力量 | 所需器材 | 迷你带 |
| 训练部位 | 髋部、核心、下肢 | 主要肌肉 | 核心肌群、髋部肌群、股四头肌 |

POINT

在移动过程中，步幅要适中，不能过大或过小，要始终保持迷你带有张力；躯干要保持稳定，重心不要起伏。

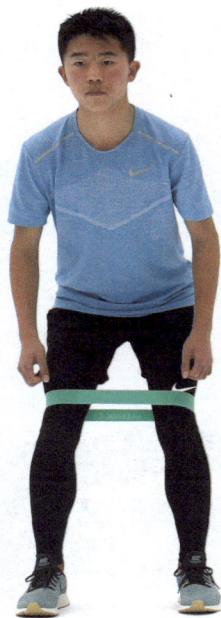

1 身体呈基本站立姿势，双脚开立，与肩同宽，将迷你带套在膝关节的上方，屈髋屈膝，双臂自然下垂。

2 一侧臀部肌群发力，脚侧向平移一小步，对抗迷你带的阻力，接着对侧脚侧向平移同样的距离，保持双脚间距与肩宽相同。完成规定的次数或距离，然后向反方向平移。

73

动作 **4** 波比跳

训练目标	力量、灵活性、敏捷性、心肺功能
训练部位	全身
所需器材	瑜伽垫
主要肌肉	全身肌肉

1 身体呈直立姿势，双臂伸直，自然垂于身体两侧，目视前方。

2 保持核心收紧，屈髋屈膝下蹲，双手触垫。双臂伸直，双手支撑，伸髋伸膝，双脚同时向后跳，至头部、躯干和双腿在一条直线上。

3 屈髋屈膝，双脚跳回，呈下蹲姿势。起身跳起，同时双臂伸直并经身体两侧向上移动，直至双手在头顶上方轻轻触碰。

4 回到起始姿势，完成规定的次数或时间。

动作 5

上下踏板

训练目标	力量、耐力
训练部位	下肢、髋部
所需器材	踏板
主要肌肉	臀大肌、股四头肌、腘绳肌、腓肠肌、比目鱼肌、胫骨前肌、髂腰肌

POINT !

身体保持整体稳定。

1 站立于踏板前，核心收紧，腰背挺直，双臂自然垂于身体两侧。

2 抬起一侧脚，踏上踏板。

注意事项

整个动作过程中，
保持核心收紧。

3 抬起对侧脚，踏上踏板。双脚依次踏下踏板，回到
起始位置，完成规定的次数或时间。

动作 6 登山者

训练目标	力量、稳定性
训练部位	核心、下肢、髋部
所需器材	瑜伽垫
主要肌肉	核心肌群、下肢肌群、髋部屈肌、髋部伸肌

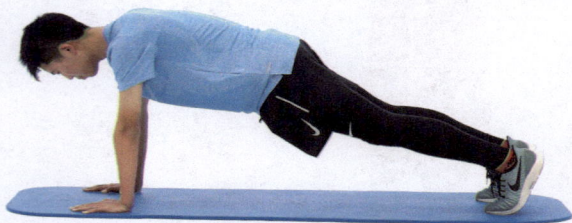

POINT !

整个动作过程中，保持核心收紧，腰背挺直。收腹屈膝时，躯干保持稳定，减少身体的左右晃动。

1 身体呈四点支撑的俯撑姿势（双手和双脚脚尖撑地），核心收紧，腰背挺直，保持双手位于肩部的正下方，双臂伸直。

2 双手撑垫，保持腹部收紧，抬一侧腿，屈髋屈膝至髋部下方，然后回到起始姿势。

3 按照同样的动作标准，两侧交替进行，完成规定的次数或时间。

第5周

动作 7

标准跳绳

训练目标	耐力、协调性、心肺功能
训练部位	全身
所需器材	跳绳
主要肌肉	腓肠肌、比目鱼肌、上肢肌群

POINT

以手腕为轴摇绳，手臂保持放松。全程保持上臂贴靠躯干。不用跳得太高，3～5厘米即可。

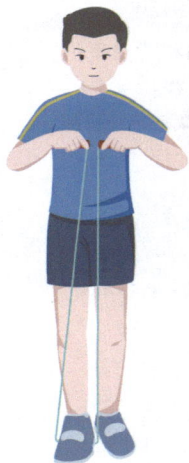

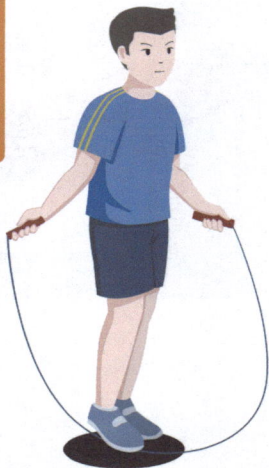

1 一只脚踩跳绳的中间，双手各握一个手柄，将其推至胸部以下、腰部以上的高度，此时绳长为合适的长度。

2 双手以手腕为轴向前摇绳。在跳绳被摇至身体前方即将接触地面时，双脚同时跳起。此时摇绳动作不停，让跳绳迅速从脚下通过，双脚落地时跳绳被摇至身体后方。每跳跃1次且摇绳1周为1次。重复规定的次数或时间。

下一个动作：动作 8
慢跑
→见第 23 页

动作9 下犬式

训练目标	柔韧性
训练部位	下肢、背部、胸部
所需器材	瑜伽垫
主要肌肉	腓肠肌、比目鱼肌、腘绳肌、背阔肌、胸大肌

POINT

头部和背部呈一条直线。

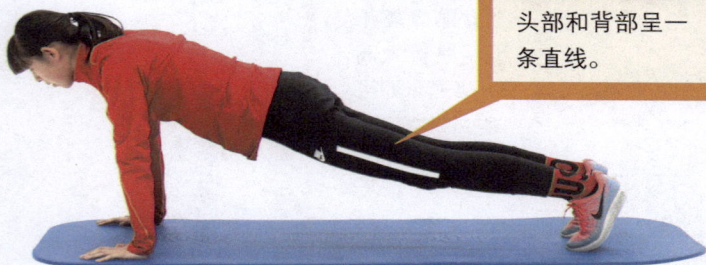

1 身体呈俯撑姿势，脚跟抬起，双手和双脚脚尖撑地，双臂和双腿伸直。

2 手臂向后推，臀部抬起，双腿保持伸直，至目标肌肉有一定程度的牵拉感。保持该姿势至规定的时间。

第5周

动作10

动态眼镜蛇

训练目标	柔韧性
训练部位	腹部
所需器材	瑜伽垫
主要肌肉	腹直肌

POINT

拉伸过程中，下肢保持不动，髋部尽可能贴紧垫面。

1 身体呈俯卧姿势，胸部尽量贴近垫面，双臂屈肘，置于躯干两侧，双手与前臂触垫支撑，目视前方。

2 下肢不动，双臂伸直，将胸部推离垫面，直至腹部肌群有一定程度的牵拉感。完成规定的次数或时间。

第6周日常提升训练方案

800/1000米专项能力提升

1 ▶ 第84页
深蹲重心移动

次数	8次
组数	2
间歇	1～1.5分钟

2 ▶ 第85页
印度式俯卧撑

次数	8次
组数	2
间歇	1～1.5分钟

3 ▶ 第86页
侧向垫步跳

次数	10次/侧
组数	3
间歇	2分钟

4 ▶ 第87页
纵向垫步跳

次数	10次/侧
组数	3
间歇	2分钟

5 ▶ 第88页
小步跑

时长	20秒
组数	3
间歇	2分钟

1～2 ➡ 3～8 ➡ 9～10

热身

主体练习以不同方式跑动练习、力量能力和专项训练为主，旨在提升 800/1000 米专项能力。

整理

6 ▶ 第 89 页
哑铃肩上深蹲

次数	10 次
组数	3
间歇	1～1.5 分钟

7 ▶ 第 90 页
弹力带站姿单腿后伸

次数	10 次
组数	3
间歇	1 分钟

8 ▶ 第 23 页
慢跑

距离	1000—1200—1000 米（男）/ 800—1000—800 米（女）
组数	1
间歇	4 分钟 /6 分钟

9 ▶ 第 91 页
泡沫轴股四头肌放松

时长	40 秒 / 侧
组数	3
间歇	无

10 ▶ 第 92 页
泡沫轴小腿肌群放松

时长	40 秒 / 侧
组数	3
间歇	无

动作 **1**

深蹲重心移动

训练目标 **灵活性**

训练部位 **髋部、下肢**

所需器材 **无**

主要肌肉 **髋部肌群、臀大肌、股四头肌、腘绳肌、腓肠肌、比目鱼肌**

POINT

重点体会下蹲后重心向两侧偏移时，两侧腿部肌群等长收缩的感觉。

1 身体屈髋屈膝，下蹲，蹲至臀部低于膝关节，此时核心收紧，腰背挺直，双手自然放于双腿之间。

2 身体重心先向一侧偏移，再向另一侧偏移。完成规定的时间或次数。

第6周

动作2

印度式俯卧撑

训练目标	柔韧性
训练部位	下肢、背部、胸部、肩部
所需器材	瑜伽垫
主要肌肉	腓肠肌、比目鱼肌、腘绳肌、背阔肌、胸大肌、肩部肌群

POINT

双手推垫至手臂与躯干呈一条直线。

注意事项

双手和双脚脚尖撑地。

1 身体呈四点支撑的俯撑姿势。双臂伸直，双手距离略比肩宽。

2 保持身体在一条直线上。头部抬起，髋部慢慢下沉，保持双臂伸直，身体呈反弓形。

3 双手推垫，使髋部慢慢上移至手臂与躯干在一条直线上，身体呈倒"V"字形。回到起始姿势，重复规定的次数或时间。

动作 3 侧向垫步跳

训练目标 跑动的动作技能、力量、协调性、灵活性

训练部位 全身

所需器材 无

主要肌肉 全身肌肉

POINT !

跳起时，膝盖和脚尖一致向前。腿下落时，髋部充分伸展。

1 身体呈直立姿势，双脚开立，间距略小于肩宽，双臂自然垂于身体两侧。

2 保持躯干挺直，腹部收紧，支撑腿向脚外侧蹬地发力，抬起腿屈髋屈膝，直至大腿与地面接近平行，脚尖勾起，双臂自然摆动，在脚掌接触地面的瞬间快速做一个垫步跳，同时重心向支撑腿内侧移动，然后支撑腿发力挑起，双腿在空中交换，换另一侧腿抬起至大腿与地面接近平行。继续向同一方向重复上述交换垫步跳跃动作，完成规定的时间或距离。

动作 **4**

纵向垫步跳

训练目标	跑动的动作技能、力量、协调性
训练部位	全身
所需器材	无
主要肌肉	全身肌肉

POINT !

跳起时，膝盖和脚尖一致向前。
腿下落时，髋部充分伸展。

1 身体呈直立姿势，双腿伸直，双脚开立，间距略小于肩宽，双臂自然垂于身体两侧。

2 躯干挺直，腹部收紧，双腿发力，抬一侧腿至大腿与地面接近平行，脚尖勾起，双臂自然摆动。抬起腿落地的同时用力蹬地，在脚掌接触地面的瞬间，快速做一个原地垫步跳，同时重心前移，换另一侧腿抬起至大腿与地面接近平行。完成规定的次数或距离。

动作 5 小步跑

训练目标	跑动的动作技能
训练部位	全身
所需器材	无
主要肌肉	全身肌肉

POINT !

全程步幅要小，但步频要较高，一侧脚落地，另一侧膝盖迅速抬起；双臂跟随双腿节奏前后交替摆动。动作应流畅、连贯。

注意事项

手臂交替前摆，跑步步幅要小。

身体自然站立。一侧膝盖向上、向前摆，然后同侧大腿用力向下压，小腿顺势向前伸，接着脚掌积极"扒地"，着地时将该侧腿伸直。在这个过程中，肩部放松，双臂屈曲，同侧臂向后摆，对侧臂向前摆。换至对侧重复上述动作。双腿交替摆动为完成1次，重复规定的时间或距离。

第6周

动作 **6**

哑铃肩上深蹲

训练目标	力量
训练部位	下肢、髋部
所需器材	哑铃
主要肌肉	臀大肌、股四头肌、腘绳肌、腓肠肌、比目鱼肌

POINT !

运动过程中，保持核心收紧，膝盖与脚尖方向一致向前。

1 双脚开立，大于肩宽。双手各握一只哑铃，屈曲肘关节，将哑铃举于肩关节前方。

2 屈髋屈膝下蹲至大腿与地面接近平行，然后臀部与大腿前侧发力，回到起始姿势。完成规定的次数。

动作 **7** 弹力带站姿单腿后伸

训练目标	力量	所需器材	弹力带
训练部位	髋部、下肢	主要肌肉	臀大肌、腘绳肌

POINT

动作过程中保持核心收紧，身体稳定，避免躯干旋转。

1 双脚开立，双手自然置于身体两侧。将弹力带的一端固定在身体正前方与踝关节同高的位置，另一端绑在一只脚的脚踝处。微微向前抬起绑弹力带的脚，保持弹力带有一定的张力。

2 绑弹力带一侧的臀部和大腿后侧肌肉发力，将抬起的脚向后伸。回到起始姿势，完成规定的次数。换对侧重复该动作。

下一个动作：动作8
慢跑
→见第23页

第6周

动作 9 泡沫轴股四头肌放松

训练目标	柔韧性、恢复再生
训练部位	下肢
所需器材	泡沫轴、瑜伽垫
主要肌肉	股四头肌

POINT !

滚动泡沫轴时核心收紧，重点体会股四头肌的按压感。

1 身体呈俯卧姿势，双臂屈肘支撑，将身体抬离垫面，前臂贴于垫面。双腿交叠，自然伸直。泡沫轴置于大腿前侧下方。

2 双臂发力带动身体移动，使泡沫轴在骨盆与膝关节上方之间来回滚动，滚动时在肌肉酸痛点上停留一定的时间。完成规定的次数或时间。换对侧大腿进行该动作。

动作 10 泡沫轴小腿肌群放松

训练目标	柔韧性、恢复再生
训练部位	下肢
所需器材	泡沫轴、瑜伽垫
主要肌肉	腓肠肌、比目鱼肌

POINT !

滚动泡沫轴时核心收紧，用手臂推动身体整体移动。重点体会小腿肌群的按压感。

1 身体呈坐姿，双臂伸直撑于体后，双手指尖向后，双腿交叠，自然伸直，将泡沫轴置于下方小腿后侧靠近踝关节的位置。

2 双手推垫以移动身体，使泡沫轴在小腿踝关节处与膝关节腘窝之间来回滚动，滚动时在肌肉酸痛点上停留一定的时间。完成规定的次数或时间。换对侧小腿进行该动作。

第 3 章

800米及1000米跑突击怎么练？

跑步的经济性、跑步的节奏，以及心肺耐力和乳酸耐受力是800米和1000米提升的关键。因此，第1周突击训练方案中，以建立起跑、摆臂和摆腿等中距离跑技术模式为主，在计划的结尾部分，可结合有氧耐力练习，以建立心肺机能的初始适应；第2周突击训练方案中，以肌肉能力和心肺耐力训练为主，解决耐力差等问题；第3周突击训练方案中，以乳酸耐受力和有氧训练的结合为主，以提升学生在中距离跑整体过程中不同阶段的能力需求。对于第1周和第2周来说，每次训练间隔48小时；对于第3周来说，训练可以采用乳酸耐受和有氧交替的方式进行，但需要注意强度的交替，或采用乳酸耐受和有氧同期的训练方式，训练中间至少间隔24～48小时，在这期间可以安排调整性练习。

第1周突击训练方案

1 ▶ 第 12 页

手臂钟摆

次数	8 ～ 10 次
组数	2
间歇	30 秒

2 ▶ 第 29 页

大腿前侧行进拉伸

次数	8 次 / 侧
组数	2
间歇	30 秒 ～ 1 分钟

8 ▶ 第 87 页

纵向垫步跳

距离	20 米
组数	3
间歇	1 ～ 2 分钟

7 ▶ 第 88 页

小步跑

距离	20 米
组数	3
间歇	2 分钟

9 ▶ 第 31 页

原地振臂跳

次数	10 次 / 侧
组数	3
间歇	2 分钟

1～3 ➡ 4～9 ➡ 10～11

热身 　主体练习以摆臂和摆腿技术、中距离跑动练习技术强化为主，建立一个经济的跑步模式。 　整理

3 ▶ 第 96 页
原地后弓步转体

次数	6 次 / 侧
组数	2
间歇	30 秒～ 1 分钟

4 ▶ 第 15 页
原地摆臂

时长	20 秒
组数	3
间歇	1 分钟

6 ▶ 第 18 页
纵向军步走

次数	10 次 / 侧
组数	3
间歇	1 分钟

5 ▶ 第 97 页
坐姿摆动手臂

时长	20 秒
组数	3
间歇	1 分钟

10 ▶ 第 25 页
站姿肩部拉伸

时长	20 秒 / 侧
组数	2
间歇	无

11 ▶ 第 98 页
90 度牵拉手臂绕摆

次数	6 次 / 侧
组数	2
间歇	无

原地后弓步转体

训练目标	柔韧性、灵活性
训练部位	躯干、髋部、下肢
所需器材	无
主要肌肉	臀大肌、腹内斜肌、腹外斜肌、胸椎周围肌群、腘绳肌、髂腰肌、股直肌

POINT

膝关节不要超过脚尖或内扣，躯干直立。

注意事项

动作过程中，保持核心收紧，背部挺直。

1 双脚开立，与肩同宽，一侧腿抬起向后跨步；同时前侧腿屈髋屈膝，下蹲至大腿与地面接近平行，呈弓步姿势。

2 后侧腿一侧的手置于对侧腹部，前侧腿一侧的手臂向身体后方伸展，同时躯干慢慢向同侧旋转至最大幅度。回到起始姿势，换对侧重复该动作。完成规定的次数。

第1周

坐姿摆动手臂

训练目标	摆臂技术、上肢力量、核心控制
训练部位	上肢、核心
所需器材	无
主要肌肉	上肢肌群、核心肌群

POINT !

上臂应以肩关节为轴充分摆动。双臂前后摆动，而不是左右摆动。手臂向前摆时，手不应越过身体中线。摆动双臂时，核心收紧，身体保持稳定。

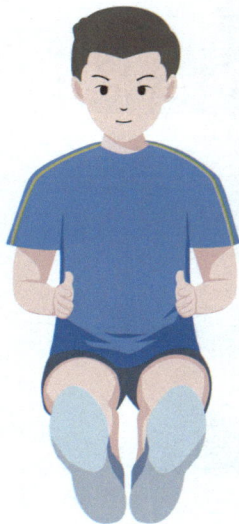

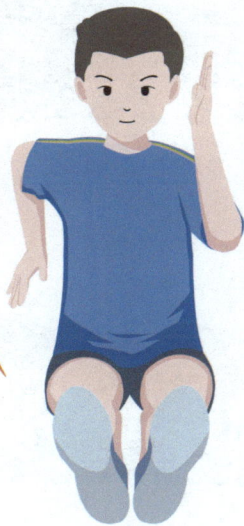

1 身体呈坐姿，双腿向前伸直。双臂屈曲约90度，上臂自然垂于身体两侧。上身挺直并稍稍前倾。

2 以肩关节为轴，双臂前后交替摆动。手臂应向前摆至接近下颌高度，向后摆时，肘关节轻微伸展，以增加杠杆作用，直至手越过髋部。双臂交替，此为完成1次。重复规定的次数。

90度牵拉手臂绕摆

训练目标	柔韧性
训练部位	背部、肩部、胸部
所需器材	瑜伽垫
主要肌肉	肩部肌群、胸部肌群、背阔肌

1 身体呈侧卧姿势，双腿屈膝90度。背部挺直，双臂伸直，双手对合。

2 下肢与髋关节保持稳定，以胸椎为轴，离地面远的一侧手臂绕过头部向身体后方伸展，头部随着手部转动，直至该侧手臂与躯干基本呈一条直线。

注意事项

动作过程中躯干挺直，腹部收紧。

POINT !

保持背部挺直和髋部稳定，手臂在绕摆过程中尽量伸直。

3 手臂、头部继续向后转，目视该侧手的方向，直至双臂侧平举，躯干前部有一定的牵拉感，保持该姿势约2秒。

4 回到起始姿势，完成规定的时间或次数。换对侧重复该动作。

第2周突击训练方案

1 ▶第58页

摇篮抱膝

次数	8次/侧
组数	2
间歇	30秒～1分钟

2 ▶第59页

最伟大拉伸

次数	8次/侧
组数	2
间歇	30秒～1分钟

7 ▶第104页

单腿臀桥

次数	10次/侧
组数	3
间歇	1.5～2分钟

8 ▶第23页

慢跑

距离	600米
组数	3～4
间歇	3～5分钟

9 ▶第105页

仰卧4字臀部拉伸

时长	20秒/侧
组数	2
间歇	无

1~2 ➡ 3~8 ➡ 9~10
热身　　主体练习以肌肉能力和心肺耐力训　整理
　　　　练为主，解决耐力差等问题。

3 ▶ 第 32 页
栏架纵向高抬腿
次数	5 次 / 侧
组数	3
间歇	2 分钟

4 ▶ 第 34 页
后蹬跑
距离	20 米
组数	3
间歇	2 分钟

6 ▶ 第 103 页
弹力带站姿屈腿
次数	10 次 / 侧
组数	3
间歇	1 分钟

5 ▶ 第 102 页
弹力带双腿半蹲
次数	12 ~ 15 次
组数	3
间歇	1 ~ 1.5 分钟

10 ▶ 第 80 页
下犬式
时长	20 秒
组数	2
间歇	30 秒

弹力带双腿半蹲

训练目标	力量
训练部位	下肢、髋部、上肢
所需器材	弹力带
主要肌肉	臀大肌、股四头肌、腘绳肌、腓肠肌、比目鱼肌、上肢肌群

吸

呼

POINT !

动作过程中保持腹部收紧、背部挺直，膝盖尽量不要超过脚尖或内扣。双臂相对躯干固定，臀部和下肢肌肉发力。

注意事项

动作过程中，保持核心收紧，背部挺直。

1 双脚开立，约与肩同宽。将弹力带中段固定在双脚下，双手分别握住弹力带的两端，保持弹力带有一定的张力。

2 双臂向后屈肘，双手置于腰部两侧，身体向下半蹲。下肢肌肉发力，充分蹬伸，回到起始姿势，重复规定的次数或时间。

第2周

弹力带站姿屈腿

训练目标	力量
训练部位	下肢
所需器材	弹力带
主要肌肉	腘绳肌

POINT

过程中保持身体稳定、腹部收紧。支撑腿保持稳定，不要晃动，绑弹力带侧腿保持悬空。

1 双脚并拢站立，双手自然垂于身体两侧。将弹力带一端固定在身体正前方与踝关节同高的位置，另一端绑在一侧脚的脚踝处，保持弹力带有一定的张力。

2 绑弹力带侧腿的大腿后侧肌肉发力，向后屈膝至约90度。回到起始姿势，完成规定的次数。换对侧重复该动作。

单腿臀桥

训练目标	力量、稳定性
训练部位	髋部
所需器材	瑜伽垫
主要肌肉	臀大肌、腘绳肌、竖脊肌

POINT !

核心收紧，背部挺直，躯干不要向一侧倾斜。

1 身体呈仰卧姿势，一侧腿屈膝，脚跟触垫支撑，另一侧腿屈髋屈膝抬起，双手抱住该腿膝部。

2 臀部发力，将髋部顶起至躯干与支撑腿的大腿呈一条直线。回到起始姿势，完成规定的次数或时间。换对侧重复该动作。

第2周

仰卧4字臀部拉伸

训练目标	柔韧性
训练部位	髋部
所需器材	瑜伽垫
主要肌肉	臀大肌、梨状肌

POINT !

保持头部紧贴垫面。

1 身体呈仰卧姿势，双腿屈曲，目标侧脚抬起，放于对侧腿的大腿上，双腿呈"4"字形。

2 双手握住非目标侧大腿下方并将其拉向胸部，至臀部肌肉有一定程度的牵拉感。保持该姿势至规定的时间。换对侧重复该动作。

第3周突击训练方案

2 ▶ 第 108 页
四肢爬行

次数	8 次
组数	2
间歇	1～1.5 分钟

1 ▶ 第 70 页
原地后交叉弓步

次数	8 次／侧
组数	2
间歇	30 秒～1 分钟

8 ▶ 第 23 页
慢跑

距离	1000—1200—1000 米（男）/ 800—1000—800 米（女）
组数	1
间歇	4/6 分钟

7 ▶ 第 79 页
标准跳绳

时长	10 秒
组数	3
间歇	一组中，循环完成动作 4～动作 7，每个动作均完成 10 秒，每两个动作之间休息 10 秒。共完成 4 组，每两组之间休息 2 分钟。

POINT !

第 一 组 跑 1000（800）米，第二组跑 1200（1000）米，第 三 组 跑 1000（800）米。

9 ▶ 第 91 页
泡沫轴股四头肌放松

时长	40 秒／侧
组数	3
间歇	无

1～2 → **3～8** → **9～10**

热身　　　主体练习以循环和不同距离跑的方式来强　　整理
　　　　　化乳酸耐受和有氧能力。

4 ▶ 第 74 页

波比跳

时长	10 秒
组数	3
间歇	一组中，循环完成动作 4 ～动作 7，每个动作均完成 10 秒，每两个动作之间休息 10 秒。共完成 4 组，每两组之间休息 2 分钟。

3 ▶ 第 52 页

平板支撑触肩

次数	10 次 / 侧
组数	3
间歇	1.5 分钟

5 ▶ 第 110 页

运动姿快速转髋

时长	10 秒
组数	3
间歇	一组中，循环完成动作 4 ～动作 7，每个动作均完成 10 秒，每两个动作之间休息 10 秒。共完成 4 组，每两组之间休息 2 分钟。

6 ▶ 第 78 页

登山者

时长	10 秒
组数	3
间歇	一组中，循环完成动作 4 ～动作 7，每个动作均完成 10 秒，每两个动作之间休息 10 秒。共完成 4 组，每两组之间休息 2 分钟。

10 ▶ 第 92 页

泡沫轴小腿肌群放松

时长	40 秒 / 侧
组数	3
间歇	无

四肢爬行

训练目标	柔韧性、灵活性、稳定性
训练部位	全身
所需器材	无
主要肌肉	全身肌肉

1 身体呈直立姿势，双脚分开，与肩同宽，腹部收紧，挺胸抬头，目视前方。

2 双手撑地，双腿尽量伸直。双手向身体前方爬行，双脚保持不动，直至爬到最远端，保持双腿伸直。

POINT !

保持膝关节伸直，腹部收紧，肩与躯干发力，重点体会手脚交替行进的感觉。

3 双脚向双手方向迈进，每次迈进一个脚掌的距离，左右交替行走，保持大腿伸直，直至回到起始姿势。手脚交替行进，重复规定的次数或距离。

运动姿快速转髋

训练目标	神经激活、协调性
训练部位	核心、髋部、下肢
所需器材	无
主要肌肉	核心肌群、髋部肌群、下肢肌群

POINT !

核心收紧。摆臂方向与髋关节转动方向相反。发力集中于髋关节，而不是肩关节和躯干，始终保持胸部向前，尽可能保持上、下肢的协调。

1 双脚开立，略宽于肩，微微屈髋屈膝，背部挺直，腹部收紧，双臂微屈置于身体两侧。

2 保持躯干向前，有节奏、有弹性地快速跳离地面，跳跃的同时向一侧转髋，向对侧摆臂，落地后迅速跳回到起始姿势。两侧交替进行，完成规定的次数或时间。

作者简介

王雄

清华大学运动人体科学硕士，体育教育训练学博士；副研究员；硕士生导师；国家体育总局训练局体能训练中心创建人、负责人；现任国家体育总局训练局体能训练中心主任；国家体育总局备战 2012 年伦敦奥运会身体功能训练团队召集人、中方总协调；备战 2016 年里约奥运会身体功能训练团队体能训练组组长；备战 2020 年东京奥运会体能训练保障营体能负责人；备战 2024 年巴黎奥运会体能专家组成员、召集人；为游泳、田径、举重、乒乓球、羽毛球、体操、跳水、排球、篮球和帆板等二十余支国家队提供过体能测评和训练指导服务；清华 – 长三角研究院特聘研究员，国家体育总局教练员学院特聘专家，中国体育科学学会体能训练分会常委，北京市体育科学学会体能分会副主任委员，北京市体育科学学会理事会理事；主编有《身体功能训练动作手册》及"儿童身体训练动作指导丛书""青少年身体训练动作指导丛书""身体功能训练动作指导丛书"等二十余部图书；译有《精准拉伸：疼痛消除和损伤预防的针对性练习》《体育运动中的功能性训练（第 2 版）》《NSCA-CSCS 美国国家体能协会体能教练认证指南（第 4 版）》《儿童身体素质提升指导与实践（第 2 版）》《青少年力量训练：针对身体素质、健身和运动专项的动作练习和方案设计》《女性健身全书》《50 岁之后的健身管理》《美国国家体能协会力量训练指南》《NASM-CES 美国国家运动医学学会纠正性训练指南（修订版）》《执教的语言：动作教学中的科学与艺术》《游泳科学：优化水中运动表现的技术、体能、营养和康复指导》《跑步科学：优化跑者运动表现的技术、体能、营养和康复指导》等二十余部作品；在《体育科学》《中国体育科技》、*Journal of Sports Sciences* 等中外期刊发表文章十余篇；研究方向包括：身体训练（专业体能和大众健身）、儿童青少年体育、健康促进工程等。

朱昌宇

　　武汉体育学院体育教育训练学硕士；国家体育总局训练局体能训练中心体能训练师；担任美国心脏协会（AHA）培训导师，获得美国国家运动医学学会纠正性训练专家（NASM-CES）、MJP 青少年运动表现训练专家（MJP-CNDS）认证；中国国家田径队备战 2020 年东京奥运会、2022 年尤金世锦赛、2023 年布达佩斯世锦赛和 2022 年杭州亚运会跳远 / 三级跳远项目体能教练，中国国家男子青年篮球队备战 2018 年亚青赛和 2019 年世青赛体能教练，中国国家女子乒乓球队备战 2017 年杜塞尔多夫世乒赛体能教练组成员；2015 年至 2016 年，担任广州市乒乓球队、击剑队、足球队、羽毛球队等队伍的体能教练；著有《人体运动彩色解剖图谱：肌肉爆发力训练》和《药球训练全书》，译有《美国国家体能协会篮球力量训练指南》。